Passiron.

Essais
sur la législation.

F

ESSAIS

SUR LA LÉGISLATION

ET LES RÈGLEMENS

NÉCESSAIRES EN FRANCE

AUX COURS D'EAU ET RIVIÈRES NON NAVIGABLES
ET FLOTTABLES.

IMPRIMERIE DE FAIN, PLACE DE L'ODÉON.

ESSAIS

SUR LA LÉGISLATION

ET LES RÈGLEMENS

NÉCESSAIRES EN FRANCE

AUX COURS D'EAU ET RIVIÈRES NON NAVIGABLES
ET FLOTTABLES,

ET QUI NE SONT PAS DU DOMAINE PUBLIC.

PAR M. DE CHASSIRON,

Membre de la Société royale et centrale d'Agriculture, et l'un
des rédacteurs du Cours complet d'Agriculture.

PARIS,

CHEZ L. COLAS, IMPRIMEUR-LIBRAIRE,
rue Dauphine, n°. 32.
Et CHEZ Madame HUZARD, rue de l'Éperon, n°. 7.
1818.

AVANT-PROPOS.

En 1814, je publiai une brochure ayant pour titre : Essai sur la législation et les règlemens nécessaires aux desséchemens à faire et à conserver en France (1).

Cet essai ne contenait que des faits et des observations recueillis sur ce qui se pratiquait en Hollande, en Flandre, dans l'ouest et le midi de la France.

Le rapprochement de ces faits parut offrir quelque intérêt : les principes en furent adoptés par diverses sociétés de desséchemens, et la plupart de ses dispositions ont passé dans la loi du 4 pluviôse an 6, et dans celle du 16 septembre 1807 ; mais dans cette dernière on a été bien au-delà du but que je m'étais proposé.

Je publie aujourd'hui un essai sur les règlemens pour les cours d'eau non navigables

____

(1) Paris, chez madame Huzard, rue de l'Éperon.

et flottables. Ce travail compléterait tout ce qui tient à l'usage des eaux qui ne font point partie du domaine public, tout ce qui est soumis à l'industrie individuelle. Puissé-je avoir rempli mon objet!

EXPLICATION

DU PLAN DE L'ÉCLUSE A POUTRELLES.

PLANCHE Ire.

AA. Piles en pierres de taille placées à 6 mètres 32 centimètres (environ 20 pieds) de distance.

B. Solive placée au-dessus des piles, au-dessous de laquelle doivent passer les bateaux : cette solive doit être placée de manière à laisser entrer et sortir les poutrelles des rainures ou coulisses pratiquées dans les piles AA.

D. Solive placée dans le fond du canal servant de radier, et engagée dans les piles AA.

C. Pile en bois, portant coulisse de 16 centimètres (6 pouces environ) de largeur, dans le même plan vertical que les rainures ou coulisses des piles AA.

Cette pile doit entrer à tenon libre dans la solive du fond ou radier, et à mortaise de côté dans la solive du haut, où elle doit être fixée par un bouton à écrou : cette pile se pose ou s'enlève à volonté. (*Voyez* figure 5.)

PP. Figure 4e. Poutrelles de 3 mètres 32 centimètres (10 pieds environ) de longueur, et de 16 centimètres (6 pouces environ) d'équarrissage, destinées à monter et descendre dans les coulisses AA et C. Ces poutrelles portent, vers leurs extrémités, un anneau en fer qui entre dans une cavité de sa poutrelle supérieure. (*Voyez* figure 4.) On enlève ces poutrelles à volonté par le moyen de crochets. (*Voyez* figure 3.)

N. B. Pour les cours d'eau de peu de largeur, on peut substituer des piles en bois aux piles en pierre ; mais, dans celles-ci comme dans celles en maçonnerie, il faut toujours pratiquer des coulisses ou rainures, pour recevoir les poutrelles.

Si le cours d'eau n'a que 3 à 4 mètres de largeur, la pile C devient inutile; mais si le cours d'eau a plus de 7 mètres en largeur, il faut trois piles. En général, pour être solides, les poutrelles ne doivent jamais avoir plus de 3 à 4 mètres en longueur. Un coin les serre par le haut; le bois enfle par l'humidité : les poutrelles forment alors une vanne solide, mais à laquelle on donne telle hauteur que l'on veut; de sorte que l'on se rend entièrement maître du niveau des eaux, des retenues, des chutes destinées à faire mouvoir les usines. Enfin, on divise un cours d'eau en autant de bassins que le demandent les besoins de l'agriculture ou ceux des usines.

ESSAI DE RÈGLEMENT

SUR LES

COURS D'EAU ET RIVIÈRES

NON NAVIGABLES ET FLOTTABLES.

De toutes les parties d'administration, l'une des plus importantes, mais aussi l'une des plus difficiles, est celle qui concerne les cours d'eau, ruisseaux et rivières non navigables, dont l'usage appartient par la loi aux riverains.

Ici, tous les intérêts se combattent et paraissent en opposition; ceux de la propriété foncière et ceux de la propriété industrielle, du propriétaire du sol et des propriétaires des usines, de l'agriculture et du commerce.

Jusqu'ici, l'on a fait de vains efforts pour démêler des intérêts si compliqués et les rattacher à l'intérêt général; les tribunaux eux-mêmes, quand il n'y a pas de titres de propriété ou de possession légale, ne peuvent qu'en référer à des experts, qui, il faut bien l'avouer, ont souvent jugé sans autre règle que leur conscience, guide irréprochable sans doute, mais qui a besoin d'être éclairé. Tel est l'objet de ce travail, où l'on cherchera à distinguer et à classer tant d'intérêts divers. Avec le secours de l'expérience et de l'analyse, il n'est pas impossible d'y parvenir. J'examinerai plusieurs questions séparément, j'en chercherai la solution, et j'essaierai d'en tirer des conclusions générales, bases du règlement que je proposerai sur cette importante partie de l'administration publique.

PREMIÈRE QUESTION.

Si les cours d'eau suivaient toujours l'ordre de la nature et leur pente naturelle, rien ne serait plus simple que cette législation : elle est bien tracée dans le droit romain ; on la retrouve parfaitement rédigée dans notre code civil ; les principes sont simples et clairs, les conséquences en sortent naturellement.

Art. 640. — Les fonds inférieurs sont assujettis, envers ceux qui sont plus élevés, à recevoir les eaux qui en découlent naturellement. Le propriétaire inférieur ne peut point élever de digues qui empêchent cet écoulement.

Le propriétaire supérieur ne peut rien faire qui aggrave la servitude des fonds inférieurs.

Art. 641. — Celui qui a une source dans son fonds peut en user à sa volonté.

Art. 644. — Celui dont la propriété borde une eau courante, qui n'est pas du domaine public, peut s'en servir à son passage, pour l'irrigation de ses propriétés ; il peut même s'en servir à son passage, dans l'intervalle qu'elle parcourt, mais à la charge de la rendre, à la sortie de son fonds, à son cours ordinaire.

Rien de plus simple, rien de plus clair que cette législation ; ces trois articles disent tout : mais ils ne s'appliquent qu'au cours d'eau dans l'état *de nature*, et sans que la main de l'homme y ait rien changé, cas assurément très-rare, mais dont il faut tirer deux conséquences, qui formeront deux articles importans pour notre règlement général, ou plutôt deux applications des lois existantes.

Iere. *Conséquence.* — Il ne peut être permis de changer le libre cours des eaux des sources, ruisseaux, rivières non navigables et flottables, d'apporter aucun obstacle à leur cours naturel, sans l'intervention de *l'autorité publique.*

Pourquoi cela ?

C'est que le cours naturel d'un ruisseau ou eau courante appartient, par l'ordre de la nature, à *tous et à chacun des riverains.* Comme ainsi chacun est tenu de supporter leur dommage, quand *l'ordre de la nature n'est pas interverti par les volontés humaines.* Il y a donc ici un intérêt de *tous* comme un intérêt de *chacun,* or l'intérêt de *tous* doit être surveillé par la partie publique.

Donc, nul ne doit déranger l'ordre naturel d'un cours d'eau, sans l'autorisation de l'administration et l'observation des règles qu'elle-même a dû se prescrire.

IIe. *Conséquence.* —Lorsque la volonté ou l'industrie de l'homme ont changé l'état naturel d'un cours d'eau, les titres et la prescription doivent être respectés ; mais, s'il survenait de cet usage un abus contraire à l'intérêt de tous ou du plus grand nombre, alors celui qui possède doit faire, à la chose publique, le sacrifice de sa propriété, sauf une juste et *préalable indemnité ;* et c'est ce que dicte formellement notre Code civil.

Art. 643. — Le propriétaire d'une source ne peut en changer le cours lorsqu'il fournit aux habitans d'une commune, village ou hameau, l'eau qui leur est nécessaire ; mais, si les habitans n'en ont pas acquis ou prescrit l'usage, le propriétaire peut réclamer une indemnité, laquelle est réglée par expert.

Cet article, la seule exception apportée au droit du riverain, n'est qu'une conséquence du principe général consacré par nos lois. On voit combien cette législation serait facile et simple, si les cours d'eau étaient toujours restés dans l'état de nature, ou n'étaient modifiés que pour cause d'intérêt public.

Mais bientôt l'industrie humaine cherche à s'en emparer; alors les intérêts se multiplient, se compliquent, se choquent, se détruisent, s'ils ne sont assujettis à de bons règlemens, qu'il faut poser au milieu de ce conflit, de ce choc d'intérêts particuliers.

Ici se présente une seconde question importante à résoudre.

SECONDE QUESTION.

Pourquoi recourir à des règlemens? Pourquoi déranger ce que la nature a sagement ordonné? Pourquoi l'homme vient-il tout gâter, tout *déranger* par son intervention?

Laissez les cours d'eau dans leur état naturel, diront les propriétaires riverains, les cultivateurs; l'intérêt de l'agriculture est le premier de tous.... Nous avons besoin du cours des eaux, répondent le commerce et l'industrie. Que deviendrait l'agriculteur sans les usines qui lui fournissent des fers et des bois? Que fera-t-il de ses produits sans l'industrie, de ses blés sans les moulins, de ses charrues sans les fers?....

Chacun veut ainsi que son intérêt prédomine, et chacun peut avoir raison, en ne considérant la chose que d'un côté. Mais qui doit décider entre

de si grands intérêts , ou plutôt qui peut les concilier, les diriger? ce n'est plus la loi; car tout
ici est exception; tout dépend de cas particuliers
dont la seule administration peut et doit connaître. Tout sort donc du domaine de la loi; tout
rentre dans celui de l'administration, ou générale, ou individuelle, ou particulière : posons
des exemples qui fassent mieux sentir ces distinctions.

Des capitalistes, des entrepreneurs se présentent; ils veulent établir des moulins sur un cours
d'eau resté libre jusqu'à ce jour.

Il faut pratiquer des retenues, changer le niveau des eaux. Les propriétaires s'y opposent : ils
demandent que tout reste tel qu'il est, et disent :
que l'intérêt de l'agriculteur, de l'irrigation est
le premier de tous. Les entrepreneurs ne contes-
tent point le principe ; mais ils soutiennent que
l'intérêt même de l'agriculture est d'établir des
moulins à eau, parce que le pays ne peut avoir
des moulins à vent, qu'on est obligé d'envoyer
au loin moudre les blés : ce qui fait perdre au
pays le produit du droit de mouture, et dépenser
beaucoup de temps que réclame l'agriculture.

Autre exemple. Des entrepreneurs veulent
établir une usine quelconque, une forge; ils
soutiennent qu'on est obligé d'aller chercher
au loin des fers, de les payer plus cher, de

faire sortir du pays de l'argent qui y resterait et dont bénéficierait l'agriculteur lui-même. Comment peut-on résoudre de telles questions? par les faits. Qui peut connaître des faits d'une telle nature? ce ne sont pas les tribunaux, mais l'administration qui a pour règle l'intérêt le plus général. *Car il ne s'agit plus d'un droit positif, mais d'un droit relatif.* La question appartient donc toute entière à la *haute administration.* Cette administration a prononcé que l'intérêt général commande l'établissement des usines demandées, ou leur conservation si elles existent ; mais il faut prendre des mesures pour que tous profitent de l'établissement et que chacun en souffre le moins possible ; et nous voilà revenus à l'article des règlemens, dont je crois avoir démontré la nécessité, et dont je vais m'occuper.

Nota. La loi du 14 floréal an 11 renvoie à l'exécution *des usages locaux et des anciens règlemens.* Mais, où sont-ils, *ces règlemens* anciens ? Ils n'existent pas relativement aux cours d'eau : au lieu d'*usages locaux,* il n'y a que des *abus locaux.* Tout est à refaire dans cette partie d'administration publique. Je crois indiquer le seul moyen d'obtenir de *bons règlemens* d'administration publique, que réclame la loi du 14 floréal au 11.

DES RÈGLEMENS

NÉCESSAIRES AUX COURS D'EAU

LIVRÉS A L'INDUSTRIE HUMAINE.

MARCHONS toujours avec le secours de l'analyse ; distinguons entre tant d'intérêts , afin de les concilier autant que la chose est possible.

Et d'abord, examinons une question bien importante. Peut-on faire , de *Paris étant*, des règlemens généraux qui s'appliquent à tous les cas, à toutes les localités ? Faut-il, au contraire , laisser *chaque individu, chaque localité*, faire des règlemens particuliers, comme il l'entend, sans les rattacher à des règlemens généraux ?

Le simple exposé de la question amène la réponse. Les exemples que j'ai déjà cités prouvent que tout tient à des questions de faits , à des intérêts locaux : les cas se multiplient à l'infini ; il n'est donc pas possible de tout prévoir, de tout déterminer par des règlemens généraux. Essayez de faire de tels règlemens ; allez sur les lieux en faire l'application : elle devient impossible ; il faut tout modifier, tout changer, ou plutôt il faut des *règlemens*, *des statuts particuliers*, mais qui ne s'écartent jamais des bases communes ou règlemens généraux. Je soutiens, sans crainte d'être démenti par des *faits*, ou par des hommes instruits, qu'il n'y a pas un bon règlement fait pour un cours d'eau quelconque, qui puisse s'appliquer sans modifications, je ne dirai pas à un, à deux autres cours d'eau qui seront dans la même hypothèse, mais à dix, à vingt, à cent autres cours d'eau.

Il faut donc, dira-t-on, tout abandonner aux intérêts particuliers des localités? Quelle bigarrure ! quel genre d'administration !

Loin de moi un tel système. Il faut, en bonne administration, se tenir à distance égale des extrêmes ; et en vérité, la science de l'administration se borne presque toujours à cela : tout abandonner aux localités, c'est souvent compromettre l'ordre public; tout vouloir déterminer par des règles positives, absolues, c'est faire de l'administration le lit de Procuste. Cherchons à éviter ces deux excès, par les règlemens que nous allons proposer.

Je suis fâché d'être obligé de recourir sans cesse aux distinctions, aux subdivisions; je sens combien cette manière d'écrire est fatigante ; mais je ne connais pas d'autres moyens de sortir d'une telle complication d'intérêts ; et comme cet écrit ne sera jamais lu que par ceux que la question intéresse, soit qu'ils soient administrateurs ou administrés, c'est au nom de leur intérêt, que je leur demande quelque patience pour les détails où je vais me livrer.

Déjà nous avons fait quelques pas ; nous nous sommes convaincus que si les cours d'eau étaient laissés dans l'état où les a créés la nature, tout serait alors du domaine de la loi, parce que tout serait alors de droit positif.

Nous avons vu que les lois existantes, que les dispositions contenues dans notre Code civil seraient suffisantes pour régler les droits de chacun, qui tous sortiraient du droit positif, tel que l'a dicté la nature.

Et comment en serait-il autrement? On ne fait peut-être pas assez d'attention que notre Code civil n'offre presque jamais de dispositions nouvelles; que c'est une grande transaction, une conciliation entre le droit romain, qui régissait depuis des siècles une partie de l'Europe, et le droit coutumier, qui régissait plusieurs de nos provinces, dont les intérêts demandaient des exceptions. Qu'on ne s'étonne donc pas si le Code civil renferme, sur l'usage des eaux, tous les principes généraux qui sont en petit nombre, et qui ne s'appliquent, je le répète, qu'aux cours d'eau dans l'état de nature.

Mais lorsqu'il est question des cours d'eau livrés à l'industrie humaine, voyez avec quelle sagesse le Code civil s'explique, art. 650 et 649.

Art. 649. — Les servitudes établies par la loi ont pour objet l'utilité publique ou communale, ou l'utilité des particuliers.

Grande et bonne distinction! Il ne s'agit plus ici des cours d'eau dans l'état de nature.

Art. 650. — Celles (les servitudes) établies pour l'utilité publique ou communale, ont pour objet le marche-pied le long des *rivières navigables et flottables* , les constructions ou réparations des chemins et autres ouvrages *publics et communaux.*

Écoutons encore ce qui suit :

Tout ce qui concerne cette espèce de servitude est déterminé *par les lois ou des règlemens particuliers.*

Là finit le *ministère de la loi :* elle a la sagesse de ne pas aller plus loin ; elle renvoie elle-même à des lois ou règlemens particuliers. Et prenez bien garde qu'il ne s'agit encore ici que d'ouvrages publics et communaux, et non d'ouvrages qui ne peuvent intéresser que des citoyens isolés, des particuliers, des individus : ici la loi se tait entièrement.

Mais si elle a reconnu que les travaux relatifs aux intérêts publics ou communaux sur les cours d'eau doivent être régis par des lois ou des règlemens particuliers, ne doit-on pas en conclure, *à fortiori*, que ce qui concerne les intérêts individuels, bien plus variables encore, doit être déterminé par des règlemens du même genre? Voilà un second principe posé.

Il en est un troisième qu'on ne contestera pas : c'est que ces règlemens particuliers, qui régissent des intérêts individuels, ne peuvent jamais être en opposition avec l'intérêt général déterminé par les lois. Ceci n'a pas besoin de démonstration dès que l'on suppose qu'il existe un pacte *social*. Il en résulte un quatrième principe.

C'est qu'une autorité quelconque et supérieure doit prononcer sur cette question importante : *le règlement proposé est ou n'est pas en opposition avec l'intérêt général, avec la loi;* mais quelle est l'autorité compétente?

Nous avons déjà vu que ce ne sont pas les tribunaux, parce qu'il ne s'agit plus de droits positifs déterminés par la loi. Nous avons vu que la loi elle-même le reconnaît et renvoie à des règlemens *particuliers*. Mais, puisque la loi ne peut pas les déterminer, ces règlemens particuliers, il n'est point d'autre autorité que celle administrative qui en puisse connaître : ces règlemens sont donc du ressort de la haute administration.

Mais comment l'administration elle-même

doit-elle les déterminer ? Telle est la troisième question qui nous reste à examiner. Sans doute elle est la plus difficile, mais il m'est permis de croire que les distinctions ci-dessus établies, et les principes que nous en avons déduits, ont déjà jeté un grand jour sur cette troisième question.

TROISIÈME QUESTION.

Comment l'administration doit-elle régir ou influer sur les règlemens nécessaires pour les cours d'eau sortis de l'ordre que leur avait donné la nature, et abandonnés à l'industrie humaine?

Pour résoudre ces questions, il faut encore recourir aux distinctions et à l'analyse. Plusieurs cas se présentent :

1er. *Cas.* — Ou il s'agit, dans les travaux proposés sur les cours d'eau, d'intérêts qui ne concernent que la chose publique, en général, les départemens, les communes ; tels que des canaux de dérivation, des aquéducs pour des fontaines.

2e. *Cas.* — Ou il s'agit d'intérêts mixtes, ou des communes et des particuliers sont intéressés en même temps.

3e. *Cas.* — Ou ces travaux concernent des particuliers, des individus, qui tous ont le même intérêt, qui sont tous ou agriculteurs ou tous propriétaires de manufactures ou d'usines.

4e. *Cas.* — Ou enfin les intérêts sont mixtes et peut-être opposés entre les cultivateurs et les propriétaires d'usines.

Nous allons traiter ces quatre questions dans des chapitres séparés.

CHAPITRE PREMIER.

Première Question.

Lorsqu'il est question de former sur les cours d'eau des établissemens qui importent à des départemens, des communes, des établissemens publics, l'intérêt devient plus général, et l'action de l'administration plus forte; mais aussi cet intérêt, plus ou moins public, se trouve en opposition trop souvent avec des intérêts particuliers. L'administration doit en devenir arbitre, et entendre les deux parties, d'où sort cette règle générale :

Lorsqu'un établissement public demande des travaux qui modifient l'usage des cours d'eau, ceux qui ont l'usage de ces mêmes cours d'eau, doivent être entendus sur les moyens d'opposition ou de conciliation qu'ils peuvent proposer.

D'où il faut conclure que si l'établissement projeté prive, en tout ou en partie, ceux qui ont l'usage des eaux *légalement acquis*, il y a toujours lieu à indemnité; la loi elle-même l'a prononcé.

CHAPITRE II.

2ᵉ. Question.

S'il s'agit de travaux dont doivent également profiter des établissemens publics et des particuliers, une commission mixte composée de commissaires nommés par l'administration et par les particuliers intéressés, doit régler les intérêts, les profits ou les charges de chacun, et proposer un règlement à l'administration.

CHAPITRE III.

3ᵉ. Question.

S'il s'agit de travaux qui n'intéressent que des particuliers ayant des intérêts similaires, que tous soient agriculteurs ou tous propriétaires d'usines, ils seront tenus de se former en société, et de nommer des commissaires, lesquels prépareront des statuts ou réglemens pour déterminer l'usage des eaux, la hauteur des vannes de retenue, la dimension des déversoirs, le temps pendant lequel chacun pourra jouir exclusivement du cours des eaux.

S'ils ne peuvent s'accorder sur la nature des réglemens, l'administration nommera elle-même des commissaires pour préparer des réglemens qui seront communiqués aux parties intéressées.

CHAPITRE IV.

4ᵉ. Question.

S'il s'agit d'intérêts mixtes, c'est-à-dire, d'intérêts de propriétaires de fonds ruraux et d'usines, l'administration convoquera les intéressés, et leur prescrira de nommer un certain nombre de commissaires respectifs pour proposer des règlemens.

Ces commisaires doivent être dans une proportion à peu près déterminée par l'importance des intérêts respectifs.

Ces commissaires proposeront des règlemens pour fixer les droits, les intérêts, les obligations des parties.

S'ils ne peuvent tomber d'accord, l'administration nommera des commissaires pour proposer des règlemens administratifs.

Mais quels doivent être ces règlemens pour chaque cours d'eau? la réponse est prévue : ils doivent être *spéciaux* pour chaque *localité;* on ne peut donc en proposer de généraux pour toutes : cependant, comme ils se rattachent tous à des points principaux, il est possible de poser quelques principes généraux dont on n'aura plus à faire que l'application. Ce ne seront point des règlemens, mais *des bases* et pour ainsi dire *une table des matières* pour un règlement. Je m'en occuperai à la fin de ce mémoire ; mais, avant tout, il faut démontrer deux vérités importantes pour les règlemens des cours d'eau.

Il importe infiniment de réunir en société les différens intéressés à un cours d'eau, et de les autoriser, soit à en délibérer en corps de société, soit à nommer des commissaires, directeurs ou syndics, pour arrêter des réglemens et veiller à leur exécution. Il n'est pas d'autre moyen de concilier autant d'intérêts.

Je tire ma preuve du fait lui-même. Les desséchemens sont une partie importante de l'administration des eaux. Eh bien ! toutes ces entreprises particulières marchent par l'action de sociétés d'intéressés, dont les formes ont été déterminées par les lois du 4 pluviôse an 6, et du 16 septembre 1807.

Au nord, comme au midi, et surtout dans l'ouest, où il existe tant et de si belles entreprises de desséchemens, tous les propriétaires sont réunis en société, proposent des règlemens, arrêtent des délibérations, nomment des directeurs, des syndics, des commis ou maîtres de digues chargés de l'exécution. Jamais ils ne s'assemblent sans en avoir prévenu l'autorité qui a autorisé leur formation. Leurs délibérations,

leurs règlemens ne deviennent exécutoires ,
qu'après avoir été homologués par les préfets.
(Loi du 4 pluviôse an 6).

Ainsi tout marche, tout agit ; les intérêts particuliers sont tous conciliés ou entendus ; mais il
y a toujours délibération, puisque l'avis de la
majorité est prépondérant.

Jamais ces intérêts particuliers ne peuvent réa-
gir contre l'intérêt général ; car l'administration
publique est là , qui les contient et qui peut refuser son homologation.

Ce système est bon , il est éprouvé ; il a pour
lui la sanction du temps et celle de l'expérience :
c'est par ce moyen que les Flamands , les Hollan-
dais, les habitans de l'Ouest et du Midi ont fait de
si grandes choses, et peuvent encore en faire de si
importantes.

L'analogie est entière entre l'administration
des desséchemens et celle relative au cours des
eaux ; les intérêts sont de même nature : les
moyens à employer , je dirai presque les travaux
à exécuter pour se rendre maître du système des
eaux, sont similaires. Pourquoi nous écarterions-
nous d'un système d'administration éprouvé et
qui concilie parfaitement ce que réclament les
intérêts particuliers , et ce que commande l'intérêt général ? On en demeurera encore bien plus
sûrement convaincu, quand j'aurai exposé, à la

fin de ce mémoire , quels sont ordinairement les objets de ces sortes d'assemblées , les délibérations qui y sont prises, les moyens d'exécution qui y sont arrêtés. Ce n'est donc plus un système que je propose; mais des faits à imiter, et la leçon de l'expérience à suivre.

De ce qui est à ce qui peut être, la conséquence est juste , dit un axiome consacré dans l'école : j'en réclame ici l'application.

Mais quelque confiance que j'aie dans le concours des intérêts particuliers éclairés par eux-mêmes, comme ils peuvent s'aveugler , et que la surveillance de l'administration publique peut être surprise ou abusée, je demande que les règlemens quelconques qui seront pris , soit par les sociétés intéressées , soit par leurs commissaires , soit par ceux nommés d'office , restent provisoires pendant un temps donné ; que, pendant ce temps, ils soient mis à l'épreuve pour être, au besoin, corrigés ou modifiés; et qu'ils ne deviennent des *règlemens généraux* sanctionnés par l'administration publique, qu'après avoir reçu, pendant trois ou cinq ans, la sanction du temps et de l'expérience. La mienne m'a appris, depuis vingt ans et plus, qu'en ce genre il n'est pas possible d'improviser; qu'il n'y a point de règle sans exception; qu'un seul fait ignoré ou non observé dérange les plus belles conceptions; et que les maîtres les plus habiles doivent se faire honneur d'écouter la leçon des faits. Cherchons donc, dans la grande variété de ceux que nous avons été à portée d'observer, les bases de ce règlement général dont le seul but est de diriger les règlemens particuliers, seuls possibles quand il s'agit du cours des eaux. L'on va en être convaincu par l'exposé que je vais faire des objets sur lesquels portent ordinairement ces sortes de règlemens.

....

OBJETS *sur lesquels doivent porter les règlemens nécessaires aux cours d'eau livrés à l'industrie particulière des hommes.*

Si la masse et la vitesse d'un cours d'eau étaient toujours les mêmes, rien ne serait plus facile que de faire des règlemens pour l'usage de ces eaux , et de les distribuer entre l'agriculture et l'industrie dans la proportion de leurs besoins respectifs.

Ainsi l'on pourrait dire :

J'ai tant de pieds ou de mètres cubes à disposer dans l'étendue d'un kilomètre et dans l'espace de vingt-quatre heures : il en faut tant pour l'irrigation , d'après la quantité des terres arrosables. Je puis disposer du surplus pour des usines qui rendront l'eau aux terrains inférieurs. Parcourant ainsi toute l'étendue d'un cours d'eau, on saurait ;

1°. Quel est le temps pendant lequel il faut laisres courir les eaux pour l'irrigation ; quel est le temps qu'on peut donner à leur cours pour faire mouvoir les usines.

2°. On saurait, à point nommé, à quelle hauteur les chaussées, les radiers des usines peuvent être tenus pour ne point priver les terres d'irrigation et ne point les exposer à l'inondation.

Mais la nature ne marche pas ainsi : les pluies, les torrens, les fontes de neige surchargent les cours d'eau ; les sécheresses leur enlèvent la moitié de leur masse ordinaire. Comment résoudre un problème dont les données changent à chaque instant ? Comment faire des règlemens invariables quand la nature varie sans cesse ? On ne peut donc en faire que d'assujettis à des chances qu'une administration sage et paternelle peut seule diriger et surveiller : de là, comme je l'ai dit, la réunion nécessaire des intéressés en sociétés qui nomment des directeurs, des commis, des agens quelconques, pour surveiller et diriger la distribution des eaux. Et qu'on ne prétende pas que la chose est impossible ; que c'est tout soumettre au caprice d'un seul homme : je répondrai d'abord que la chose est possible, puisqu'elle existe dans les desséchemens, où un seul homme dirige le mouvement des eaux, règle l'ouverture des bondes extérieures, des portes ou écluses, fait faire ou enlever des bâtardeaux, ordonne tous les travaux nécessaires à l'entretien, et fait exécuter les règlemens qu'il applique suivant la circonstance et les besoins des localités.

On peut voir, dans le 4º volume du Nouveau Cours d'Agriculture théorique et pratique, imprimé en 1809, chez Déterville, l'organisation de ces sociétés; elle est déterminée par les lois du 4 pluviôse an 6, Bulletin des lois, n. 168. On voit que toute liberté est laissée aux délibérations, mais que l'administration a toujours la grande surveillance : elle autorise les assemblées, elle homologue ou repousse leurs délibérations. Il est des cours d'eau de peu d'importance, où souvent un seul homme, un seul syndic suffit pour tout diriger; mais le principe est le même, et il prouve, jusqu'à l'évidence, que des règlemens généraux sont impossibles; que des règlemens particuliers ne peuvent être arrêtés que par les parties intéressées;

Qu'enfin, leur exécution dépend tellement des circonstances, qu'il faut qu'elle soit confiée à des agens d'exécution pour chaque localité.

Mais il est un moyen extrêmement facile de régler la direction des cours d'eau, et qui seul, bien dirigé, équivaut à une bonne administration : c'est l'usage des écluses à poutrelles, si commun en Hollande, mais trop négligé parmi nous. De simples soliveaux bien équarris glissent dans une rainure ou coulisse en bois, et vont se poser sur un radier aussi en bois; on en pose, les uns sur les autres, tant et si peu qu'on veut; un coin les serre par le haut; l'eau fait enfler le bois, et on a un bâtardeau ou une vanne parfaitement bonne et solide. On voit avec quelle facilité on enlève ou l'on pose deux, trois, quatre poutrelles; par ce moyen, on se rend entièrement maître du cours des eaux. Craint-on une sécheresse : on pose deux ou trois poutrelles de plus, et l'on opère une retenue qui facilite l'irrigation des terres ou le service d'une usine.

Craint-on une inondation, un orage, une fonte d'eau de neige : on enlève à chaque écluse quelques poutrelles, et l'on sauve tout un pays de la submersion; en un mot, on manœuvre, si j'ose ainsi parler, les eaux, comme un bon écuyer manie un cheval qu'il fait reculer ou avancer à volonté (1).

L'usage de cette machine si simple, si peu coûteuse, est si important, que j'oserai proposer qu'il ne fût jamais permis d'établir des radiers ou digues permanentes dans les fleuves et rivières *quelconques*, que jusqu'à la hauteur moyenne du

---

(1) *Voyez*, planche Ire., le plan de ces écluses et des parties qui les composent.

cours des eaux, et que la retenue nécessaire pour les usines fût toujours opérée par des poutrelles placées sur le radier des écluses (1). Avec leurs secours et un agent capable pour les diriger, on éviterait ces accidens, ces inondations si funestes, qui, dans quelques heures, enlèvent ou les récoltes ou les travaux construits pendant de longues années : je crois donc ne pouvoir donner un conseil plus important que l'usage des écluses à poutrelles.

Après avoir ainsi posé les principales questions, les différens cas auxquels les cours d'eau peuvent donner lieu : je vais essayer de présenter les bases d'un règlement général, qui, comme on le verra, n'offrira lui-même que le moyen de diriger la rédaction des règlemens adaptés à chaque localité.

---

(1) Il est d'autres barrages *mobiles* connus; tels que les portes battantes ou les vannes à bascules, etc. ; mais ces machines sont plus compliquées, plus dispendieuses, et ne conviennent qu'aux grandes entreprises, aux cours d'eau navigables et flottables.

BASES

D'UN RÈGLEMENT GÉNÉRAL

POUR L'ADMINISTRATION DES COURS D'EAU NON
NAVIGABLES ET FLOTTABLES.

CHAPITRE PREMIER.

Des cours d'eau qui sont restés dans l'état de nature, et qui n'ont point été soumis à l'industrie des hommes.

Les cours d'eau sur lesquels il n'a été fait aucun travail d'art, aucun changement ni construction, continueront d'être régis par les articles 640, 641, 644 du Code civil, et toutes contestations seront réglées par les tribunaux ordinaires. Il en sera de même pour tous les autres cours d'eau, lorsqu'il s'agira de questions de propriété, ou de possession maintenue par la loi. Les seuls tribunaux prononceront sur les droits des parties.

CHAPITRE II.

Des cours d'eau non navigables ou flottables , soumis à l'industrie de l'homme par des écluses, radières , bâtardeaux , ou toute autre construction hydraulique.

Art. 1er. Il ne peut être permis de changer l'état naturel des cours d'eau, ruisseaux , rivières non navigables, et flottables, sans l'intervention et l'autorisation de l'autorité publique , obtenue dans les formes déterminées par le gouvernement.

Art. 2. Toute demande , à cet égard, sera présentée aux préfets , par l'intermédiaire des sous-préfets et des maires.

Art. 3. Le gouvernement, avant de statuer , communiquera les demandes aux propriétaires de fonds ruraux et aux propriétaires d'usines, moulins, ou travaux quelconques, s'il en existe sur les cours d'eau; s'il a été formé des sociétés , nommé des syndics ou autres agens pour diriger les cours d'eau, la demande leur sera communiquée , et ils seront tenus d'y répondre dans le mois.

Art. 4. La demande contiendra toujours les motifs d'utilité publique, que suppose celui qui veut établir une construction quelconque sur les cours d'eau.

Art. 5. Le propriétaire d'une usine fondée en

titre ou en possession, est obligé de céder son usine pour cause de nécessité ou d'utilité publique bien constatée, mais sauf juste et préalable indemnité, soit convenue, soit réglée d'office. (Article 643 du Code civil.)

BASES

DES RÈGLEMENS PARTICULIERS

Que peuvent adopter les propriétaires de fonds ruraux ou d'usines sur les cours d'eau non navigables et flottables.

Nous avons déjà dit que l'usage des eaux pouvait appartenir, soit aux établissemens publics seuls, aux départemens, aux arrondissemens et aux communes, soit concurremment à ces établissemens et aux particuliers;

Soit aux seuls propriétaires de fonds ruraux, soit aux seuls propriétaires d'usines, soit enfin aux propriétaires de fonds ruraux et d'usines.

Nous allons, dans des chapitres séparés, traiter des règlemens convenables à chaque sorte d'intérêt, parce que les règlemens ne peuvent être les mêmes pour tous (1).

____

(1) *Voyez*, à la fin du Mémoire, le Projet de règlemens proposés et réunis dans un seul et même cadre ou tableau, qui en fait mieux sortir l'ensemble.

Mais, avant de nous occuper de ces règlemens, je dois répondre à une objection qui se présente d'elle-même.

Comment voulez-vous, dira-t-on, qu'on puisse *syndiquer*, *réunir* en corps *de société* les propriétaires d'un cours d'eau, d'une rivière non navigable et flottable, qui peut avoir trente, quarante, cinquante myriamètres d'étendue? Dans quel point s'assembleront-ils pour délibérer? Feront-ils volontiers cinquante lieues pour s'y rendre? Je répondrai, comme je l'ai fait sur d'autres objets, par l'expérience et les faits.

Il existe des sociétés générales de desséchemens dans le Nord et dans l'Ouest, composées de plusieurs sociétés particulières qui s'étendent dans plusieurs départemens ou provinces de la Hollande et de la Flandre. Tels sont les polders en Hollande, et dans l'ouest, la société du Contrebot de Vix. Chaque société a ses règlemens particuliers et son administration; mais, à de certaines époques plus ou moins éloignées, des commissaires nommés par chaque société se réunissent pour se concerter sur les travaux communs, sur tout ce qui intéresse le corps entier des sociétaires. Les réunions sont rares, parce que, le règlement général une fois arrêté, il se présente rarement des questions nouvelles à traiter; mais enfin elles ont lieu, ne fût-ce que pour recevoir les comptes des dépenses communes à toutes les sociétés. On peut facilement suivre cet exemple pour les cours d'eau d'une certaine étendue, ou les rivières non navigables et flottables. On les divise par bassins ; chaque bassin pourrait comprendre la partie du cours d'eau qui traverse chaque département, pourvu qu'il y ait une étendue convenable de deux à trois myriamètres : autrement cette portion serait réunie au bassin supérieur ou inférieur.

Ce travail, cette division serait faite par des commissaires nommés par chaque société particulière, sinon d'office, par des commissaires nommés par le ministre de l'intérieur, mais provisoirement, et sauf les observations de ceux nommés par les intéressés. Ces sociétés ne seraient donc nullement dépouillées de leurs droits ; mais elles seraient forcées d'en user, de délibérer et d'agir. Et certes, quand il est question de si grands intérêts, pour la masse entière de la société, le gouvernement a bien le droit de dire : *faites ou laissez faire.*

Tels sont les principes qui ont été posés et adoptés par les lois du 4 pluviôse et du 16 septembre 1807, sur les desséchemens. Ils sont parfaitement applicables aux cours d'eau et rivières non navigables qui ne sont pas du domaine public. Je ne dis pas que l'exécution ne souffrit, non des difficultés réelles, mais des résistances d'opinion et d'esprit de localité. Mais il est bien reconnu aujourd'hui, qu'il faut souvent faire du bien aux hommes malgré eux, sans jamais attaquer les principes de la propriété; je crois, dans cet essai, qu'ils sont non-seulement respectés, mais garantis et protégés.

RÉSUMÉ GÉNÉRAL,
OU CONCLUSION DE CE MÉMOIRE,

J'ai prouvé que si les cours d'eau non navigables et flottables sont restés dans l'état où les a créés la nature, et que l'industrie de l'homme n'y ait fait aucun changement, les lois romaines dont les dispositions ont passé dans notre Code civil, art. 640, 641, 643, 644, 649 et 650, sont suffisantes pour garantir tous les intérêts; que tout alors étant réglé par le droit positif, doit rester dans la compétence et les attributions des tribunaux ordinaires;

Mais que, lorsque l'industrie de l'homme avait modifié et changé l'état naturel des cours d'eau, la seule question de propriété ou de prescription pouvait être de la compétence des tribunaux, comme étant restée dans le droit positif; que tout le reste, aussi mobile que la volonté ou les besoins de l'homme, était tellement variable qu'il faudrait autant de lois que de cours d'eau; que tout dépendrait alors de la connaissance des faits, et ne pourrait être régi que par des règlemens administratifs. J'ai cherché quels devaient être ces règlemens, et l'influence directe de l'administration dans les cas suivans :

1°. Lorsqu'il s'agissait, dans les changemens faits à l'état naturel des cours d'eau et dans les travaux effectués, de l'intérêt des départemens, des cantons, des communes seules;

2°. Lorsque ces intérêts étaient mixtes, c'est-à-dire, lorsque les propriétaires ou habitans partageaient avec des départemens, des communes, les avantages des travaux effectués;

3°. Lorsque les seuls particuliers étaient intéressés aux travaux faits ou à faire aux cours d'eaux;

4°. Lorsque les particuliers intéressés appartenaient tous à la même classe de la société, étaient tous propriétaires de fonds ruraux, ou tous propriétaires de fabriques et d'usines;

5°. Lorsque les intérêts étaient mixtes ou partagés entre les propriétaires fonciers et les propriétaires d'usines.

On voit quelle multiplicité, quelle diversité, quelle complication d'intérêts peuvent naître de ces différentes combinaisons.

Il faut pourtant en sortir, ou renoncer à avoir

une bonne administration pour les cours d'eau ; et voir exister à jamais ces procès ruineux, ces contestations interminables qui obèrent les familles et s'opposent à tout le bien, à tout l'avantage que l'état pourrait tirer des cours d'eau, ainsi que les propriétaires riverains : car, il faut l'avouer, cette partie de l'administration publique est restée dans l'enfance parmi nous, si ce n'est dans quelques cantons où l'usage a fait des règlemens sages qu'il faudra imiter, sans les copier servilement ; parce qu'il est démontré qu'il ne peut pas y avoir d'entière similitude pour des localités diverses : les données du problème varient sans cesse, ce qui répond à ceux qui proposeraient d'adopter pour la France les règlemens faits pour le Milanais ou pour la Lombardie ; c'est précisément parce qu'ils sont bons, utiles à ces contrées qu'ils ne peuvent convenir aux nôtres.

J'ai indiqué les moyens d'obtenir de bons règlemens pour les différens cours d'eau, en forçant les intérêts particuliers à se réunir, à se concilier pour obtenir des règlemens qui leur conviennent.

Mais j'ai conservé à l'administration publique toute l'autorité qu'elle doit toujours avoir.

Enfin j'ai posé les bases générales, les principes dont les règlemens particuliers ne doivent

pas s'écarter ; mais j'ai laissé aux intérêts particuliers à statuer sur tout ce qui tient uniquement
aux intérêts locaux.

J'ai indiqué un moyen connu, et qui simplifie
infiniment les règlemens à faire pour chaque localité, en se rendant maître de la direction des
eaux, par le moyen de machines de la construction la plus simple et la moins dispendieuse.

Je ne puis espérer d'avoir, dans un simple
mémoire, résolu la question si difficile de l'administration des cours d'eau.

Mais, j'ose croire, cependant que la discussion où je me suis livré, jettera quelque jour sur
cette partie importante de l'administration publique.

Ce n'est pas, dans mes idées, mais dans mon
expérience, que j'ai puisé, en proposant pour
les cours d'eau le système adopté pour une
partie non moins importante de l'administration
des eaux, pour les desséchemens. C'est après
avoir moi-même dirigé, pendant plus de dix
ans, de grands desséchemens, après avoir
consulté les hommes les plus instruits, que
j'osai proposer au Conseil des Anciens la loi
du 4 pluviôse an 6 (1) ; je ne la proposai que

---

(1) J'avais aussi présenté les bases de la loi du 16 septembre 1807 ; mais on a été fort au-delà, et, dans mon opinion,
beaucoup trop loin.

pour un département, on la jugea assez utile
pour l'appliquer à tous ceux de la France. Cette
loi ne consacrait que des usages anciens, mais
qui n'étaient pas régularisés par la loi; ils le sont
aujourd'hui ; ils ont parfaitement réussi ; jamais
il n'y eut de réclamation : le même système,
pour se former en société, pour délibérer, pour
obtenir des règlemens adaptés aux localités, est
parfaitement applicable aux cours d'eau non
navigables et flottables : hâtons-nous donc de
l'adopter. En suivant la marche que nous a
tracée l'expérience, nous sommes sûrs de ne
pas nous égarer. La théorie seule, *en administration*, ne nous offre pas les mêmes avantages ;
les principes sont certains, il ne faut pas s'en
écarter ; mais c'est à l'expérience à en faire l'application, parce que les plus belles théories ne
peuvent pas créer un seul fait, et qu'un seul fait
peut renverser les plus habiles théories. Il ne faut
pas se lasser de le répéter.

PROJET

DE RÈGLEMENT GÉNÉRAL

SUR LES COURS D'EAU

ET RIVIÈRES NON NAVIGABLES ET FLOTTABLES,

Rédigé d'après les bases énoncées dans le Mémoire précédent (1).

Les cours d'eau ou rivières non flottables ou navigables se divisent en deux classes principales.

1°. Les cours d'eau restés dans l'état où les a créés la nature, et non modifiés par les travaux de l'homme.

2°. Les cours d'eau modifiés par les travaux de l'homme pour son avantage particulier, ou celui de la société.

PREMIÈRE CLASSE.

Les cours d'eau restés dans l'état de nature seront régis par les dispositions du code civil, et notamment par les articles 640, 641, 643, 644, 649, 650 de ce code, et par celui du code pénal et de police correctionnelle.

---

(1) Ce projet est le même que celui proposé dans le cours du Mémoire ; mais il en rassemble toutes les dispositions sans développemens et sans discussion.

Tout étant resté dans l'ordre de la nature est de droit positif, est de la compétence des tribunaux ordinaires ; il en est de même pour ce qui concerne la propriété du fonds ou des usages et servitudes acquises ; soit par titre, soit par prescription légale , pour les cours d'eau de toute nature.

DEUXIÈME CLASSE.

Des cours d'eau modifiés par les travaux de l'homme , pour son utilité.

Les cours d'eau modifiés par les travaux de l'homme sont divisés dans les trois sections suivantes.

Première section. — Ceux où les travaux ont été faits pour l'avantage d'établissemens publics pour les départemens, arrondissemens , cantons ou communes , tels que ponts , aquéducs , fontaines , etc.

Deuxième section. — Les cours d'eau où les intérêts sont mixtes et partagés entre des établissemens publics et les particuliers.

Troisième section. — Les cours d'eau aux travaux desquels les seuls particuliers sont intéressés.

Cette dernière section suppose nécessairement deux subdivisions : ou les intéressés n'ont qu'un même genre de propriété, sont tous propriétaires fonciers ou tous propriétaires d'usines; ou , parmi les intéressés , les uns sont propriétaires de fonds ruraux, et les autres d'usines; alors leurs intérêts sont différens, quelquefois opposés.

PREMIÈRE SUBDIVISION.

Les cours d'eau dont les travaux ont été faits pour le seul avantage d'établissemens publics, resteront dans les attributions de l'administration générale, les frais étant à la charge de ces établissemens. L'administration générale n'entreprendra aucuns travaux sur ces cours d'eau, sans que les propriétaires intéressés n'aient été entendus. Le mémoire expositif leur sera communiqué pour qu'ils fournissent dans le mois leur moyen d'opposition ou leur demande en indemnité : s'il y a lieu à l'accorder, cette indemnité sera toujours prélablement fixée et acquittée.

Elle aura toujours lieu si les riverains sont forcés de céder leurs droits pour cause de nécessité, ou d'utilité publique légalement constatée.

Toutes contestations seront jugées administrativement, sauf le pourvoi au conseil d'état.

DEUXIÈME SUBDIVISION.

Cours d'eau où les intérêts sont mixtes entre les particuliers et les établissemens publics.

Il sera nommé, dans les formes voulues par la loi du 4 pluviôse an 6, et celle du 16 septembre 1807, des commissaires, par les préfets ou sous-préfets , pour les établissemens publics appartenant aux départemens, cantons et communes. Les propriétaires intéressés seront réunis en assemblée générale pour nommer des commissaires en même nombre que ceux de la partie publique.

Ces commissaires rédigeront un projet de règlement (1) , lequel sera provisoirement exécuté pendant cinq ans, et n'aura force de règlement public qu'autant qu'il sera adopté par l'assemblée des intéressés , et homologué par les préfets dans la forme voulue par la loi du 4 pluviôse précitée.

Les préfets régleront provisoirement la quotité d'arpens ou l'importance des usines qui donne le droit d'être convoqué à l'assemblée des intéressés.

CHAPITRE PREMIER.

Cours d'eau où les seuls propriétaires fonciers , ou les seuls propriétaires d'usines ont intérêt.

Les propriétaires ruraux ou les propriétaires d'usines seront tenus , dans un délai prescrit, de se réunir en corps de société, et de nommer des commissaires chargés de travailler à un règlement pour l'administration des cours d'eau, lequel, approuvé par l'assemblée générale , sera

---

(1) On verra ci-après quels sont les objets qui doivent être la matière de ces règlemens.

présenté à l'homologation des préfets, dans les formes voulues par la loi du 4 pluviôse précitée, mis en expérience pendant cinq ans, pour être, après ce terme, adopté définitivement, rejeté ou modifié.

Ne seront appelés à délibérer dans l'assemblée des intéressés que ceux qui auront la quotité d'hectares, ou l'importance d'usines déterminée provisoirement par les préfets, et ensuite par le règlement adopté définitivement.

CHAPITRE SECOND.

Cours d'eau où les intérêts sont mixtes entre les propriétaires d'usines et les propriétaires de fonds ruraux.

Lorsque les travaux faits ou à faire sur les cours d'eau intéresseront en même temps les propriétaires de fonds et les propriétaires d'usines, le préfet réglera pour la première fois la quotité d'hectares et l'importance des usines, qui donneront le droit d'assister et de délibérer dans l'assemblée générale par lui convoquée.

Ceux qui n'auront pas la quotité prescrite pourront se réunir pour nommer l'un d'entre eux pour les représenter, pourvu qu'ils forment ensemble la masse d'intérêts demandés par le règlement.

Cette assemblée nommera des commissaires pour travailler, dans les formes voulues par les lois précitées, à un règlement, lequel, adopté par l'assemblée générale, sera provisoirement exécuté pendant cinq ans, si la délibération a été homologuée par le préfet, et ensuite définitivement arrêté comme règlement.

Dispositions générales réglementaires.

1°. Dans le cas où les intéressés à un cours d'eau refuseraient de s'assembler ou de délibérer, de nommer des commissaires pour travailler à un règlement provisoire, le préfet nommera d'office des commissaires pour le rédiger. Les intéressés seront convoqués de nouveau pour délibérer sur ce règlement, et fournir des observations, sur lesquels les commissaires entendus, le préfet statuera, sauf le pourvoi au conseil d'état.

2°. Dès que le règlement sera adopté, les intéressés seront tenus de nommer des agens d'exécution, commissaires, directeurs ou syndics, maîtres de digues et écluses, receveurs ou caissiers, pour diriger les travaux conformément aux dispositions des lois précitées; sinon ils seront nommés d'office.

3°. Les intéressés auront toujours le droit de présenter requête aux préfets, pour se former en assemblée, délibérer, fournir leurs observations ou griefs, nommer des agens d'exécution, commissaires-directeurs, syndics et caissiers.

PROJET

OU MODÈLE D'UN RÈGLEMENT PARTICULIER

POUR UN COURS D'EAU QUELCONQUE,

Qui renferme plusieurs dispositions applicables à tous les cours d'eau non navigables et flottables, et à l'organisation des sociétés et des assemblées d'intéressés.

——————

Pour ne rien négliger de ce qui peut jeter quelque jour sur l'importante question de l'administration des cours d'eau, je vais essayer de tracer un règlement pour un cours d'eau quelconque, mais qui servira facilement de modèle pour tous, en modifiant les clauses suivant les différentes localités.

RÈGLEMENT *pour les cours d'eau*
commune de

département de

Dispositions générales ou d'organisation en corps de société.

Messieurs les intéressés au cours d'eau de
convoqués pour les (date de la convoca-

tion)   par ordre de M. le préfet
de   (ou du sous-préfet de
                                  par lui délégué), se sont
assemblés à l'auberge où pend pour enseigne,
        à l'heure indiquée de   le
du mois de   M.***
désigné par M. le préfet, présidant l'assemblée ;
elle a nommé pour directeur M.***
pour commissaires, MM.***
                    et pour receveur et caissier,
M. de***   pour agent, syndic, ou
maître des écluses, M. de***
Messieurs les commissaires ont été chargés,

1°. De dresser la liste ou l'état de tous les intéressés au dit cours d'eau, avec désignation de leurs propriétés et de leur évaluation en hectares, si elle est connue.

2°. D'arrêter un projet de règlement, lequel sera présenté à la prochaine assemblée indiquée pour le   et à laquelle tous les intéressés désignés par l'état arrêté par les commissaires, seront convoqués par le directeur, par lettres à domicile, indiquant le jour, l'heure et le lieu de l'assemblée.

3°. Le directeur présidera l'assemblée et toutes les assemblées subséquentes : l'un des commissaires remplira les fonctions de secrétaire, et tiendra le registre des délibérations.

4°. L'assemblée s'est ajournée au

Tous les intéressés ont été prévenus qu'il sera délibéré par les membres présens, dès que leur nombre sera de la moitié, plus un des membres convoqués, et que, dans le cas où les membres ne se trouveront pas en nombre suffisans pour délibérer, les directeurs et commissaires se retireront devant M. le préfet, lui soumettront le règlement proposé, que ce magistrat, après l'avoir examiné et approuvé, ordonnera qu'il soit provisoirement exécuté, sauf à l'assemblée subséquente à faire les observations qu'elle croira bon être.

RÈGLEMENT proposé pour le cours d'eau de   commune de

Dispositions réglémentaires ou de police (1).

1°. Il y aura une assemblée   chaque année, au mois de   Le nom des membres présens ou représentés sera inscrit en tête des délibérations.

2°. M. le préfet et M. le maire seront toujours

---

(1) Ces articles sont puisés dans les lois des 4 pluviôse an 6 et 17 septembre 1807, ou dans des règlemens déjà adoptés par un grand nombre de sociétés de desséchemens.

prévenus d'avance, et par écrit des jour, lieu et heure de l'assemblée.

3°. Le directeur présidera : il recueillera les voix alternativement par la gauche et par la droite.

4°. La majorité formiera les délibérations. En cas de partage de voix, le directeur départagera, et sa voix sera prépondérante : il aura la police de l'assemblée.

5°. Nul ne prendra la parole sans l'avoir demandée et obtenue.

6°. Le directeur pourra, après avoir consulté l'assemblée, refuser la parole, et même exclure, pour fait grave, un membre de l'assemblée.

7°. Les contributions délibérées seront perçues par le caissier, d'après un rôle signé par les commissaires et le directeur, et par toutes voies de droit.

8°. Aucune contribution ne sera perçue qu'en vertu d'une délibération de l'assemblée.

9°. Aucune délibération ne sera exécutoire qu'après avoir été homologuée par le préfet, conformément à ce qui est prescrit par les lois des 4 pluviôse an 6, et 16 septembre 1807 pour les desséchemens.

10°. Tout propriétaire qui se croira indûment imposé, se pourvoira devant le préfet, ou le sous-préfet délégué par lui, qui, avant de statuer, renverra la requête aux directeur et commissaires, pour y répondre dans un délai déterminé.

11°. Le directeur et les commissaires seront nommés pour trois ans, et leurs fonctions gratuites.

12°. Le receveur ou caissier, révocable à volonté, sera tenu de rendre ses comptes à chaque assemblée annuelle. Il lui sera accordé une remise fixée par délibération des intéressés.

13°. L'agent on syndic chargé de l'exécution des travaux sera également salarié et révocable par l'assemblée générale.

Dispositions particulières ou d'administration pour les cours d'eau.

Objets sur lesquels doivent porter les réglemens.

1°. Le cours d'eau de   sera partagé dans sa longueur, par un ou   bassins, formés par des écluses à poutrelles (1).

2°. Il sera fixé dans chaque bassin un niveau provisoire, à la hauteur duquel les eaux seront

---

(1) Il est possible qu'un cours d'eau de peu d'étendue n'ait pas besoin d'être divisé en plusieurs bassins; mais on croit ce cas très-rare, et la division en bassins est le seul moyen de bien administrer et conduire les eaux : n'eût-il qu'un bassin, il faut toujours des poutrelles pour le former.

retenues, pour faciliter l'irrigation des terres arrosables pendant un temps donné.

3°. Le temps pendant lequel ce niveau doit être maintenu est fixé à un, deux, trois jours sur vingt ou trente, ou tant d'heures par jour; et, passé ce temps, les eaux seront rendues à leurs cours naturels et au service des moulins ou usines.

4°. Le syndic seul aura la direction et le maniement des écluses à poutrelles, et distribuera les eaux à chacun, conformément au règlement et aux délibérations, et pour le plus grand avantage de tous.

5°. Il fera exécuter tous les travaux, dirigera les ouvriers, fera faire les curemens et sarclages au temps fixé par le directeur ou par l'assemblée.

6°. Les directeurs et commissaires pourront prendre provisoirement toutes les mesures sollicitées par les propriétaires d'usines, non contraires à l'intérêt des propriétaires ruraux, à la charge de rendre compte à l'assemblée générale; ils pourront essayer différens niveaux pour connaître leur effet.

Le présent règlement ne sera déclaré définitif qu'après cinq ans d'expérience. Les articles approuvés par l'assemblée seront alors maintenus, les autres modifiés ou changés, ou soumis de nouveau à l'expérience, avec les modifications proposées.

8°. Les contributions sont fixées à   francs par hectare pour l'année   Les commissaires et directeurs évalueront provisoirement les produits ou revenus de chaque usine à un nombre déterminé d'hectares; c'est-à-dire, que telle usine représentera 10 hectares, telle autre, 20, 50, 100.

9°. Le directeur, ou l'un des commissaires fondé de ses pouvoirs agira, et représentera la masse des intéressés, devant tous les juges et tribunaux compétens; mais à charge de rendre compte à l'assemblée subséquente des actions intentées à la société, ou par elle, tant en demandant qu'en défendant.

10°. Le présent règlement, adopté par l'assemblée, sera, avant d'être exécuté, soumis à l'homologation du préfet comme toutes les autres délibérations de la société.

11°. Les contestations relatives aux évaluations données aux usines, seront réglées par experts respectivement nommés, et ceux-ci nommeront un sur-arbitre en cas de partage d'opinions.

OBSERVATION GÉNÉRALE.

On voit, par ce modèle du projet de règlement, à combien peu de dispositions se réduit le règlement d'un cours d'eau : fixation du niveau, fixation du temps d'écoulement; telles sont les seules données du problème; c'est à cela seulement, que se réduit tout ce qui concerne l'administration des cours d'eau non navigables et flottables. Rien de plus simple que cette théorie et ces principes; mais leur application varie à chaque localité. Il faut pourtant y arriver, ou laisser les cours d'eau dans l'état d'anarchie où ils sont aujourd'hui, au grand dommage de la chose publique et des intérêts particuliers. Je suis fermement convaincu qu'on ne les conciliera jamais, qu'on ne parviendra jamais à les rallier, à les rattacher à l'intérêt général par d'autres moyens que ceux qui ont si bien réussi pour les desséchemens, par des règlemens particuliers qui, après un temps donné d'expérience, seront sanctionnés par l'autorité publique et deviendront, pour chacun des cours d'eau, une législation spéciale appropriée à leurs besoins.

FIN.